Como Trabalhar Embarcado: Um Guia Completo para Carreiras Offshore

Capítulo 1: Introdução à Vida Embarcada

- **O que é trabalho embarcado?**
    - Definição e exemplos de setores que oferecem oportunidades offshore: petróleo e gás, mineração, transporte marítimo, pesca e turismo.
    - Vantagens de trabalhar embarcado: altos salários, turnos diferenciados (períodos longos de folga).
    - Desafios da vida offshore: isolamento, distância da família, adaptação ao ambiente restrito.
- **História e Crescimento do Setor Offshore**
    - Breve histórico do desenvolvimento da indústria offshore.
    - Crescimento e demanda por profissionais qualificados.

Capítulo 2: Oportunidades Profissionais Embarcadas

- **Principais Profissões Embarcadas**
    - **Pintor de Estruturas Metálicas**: Funções, habilidades necessárias, e como se destacar. (exemplo relacionado à sua experiência)
    - **Técnico de Segurança do Trabalho**: Responsável por garantir que as normas de segurança sejam seguidas a bordo.
    - **Operador de Equipamentos Submarinos (ROV)**: Trabalha com veículos operados remotamente para inspeção e manutenção.
    - **Marinheiro de Convés**: Responsável pelas tarefas operacionais a bordo, como manutenção e manuseio de equipamentos.
    - **Técnico em Mecânica Offshore**: Manutenção de equipamentos de perfuração, motores e sistemas mecânicos.
    - **Engenheiro de Petróleo**: Planejamento e execução de perfurações, análise geológica e gestão de poços.
    - **Cozinheiro Offshore**: Preparo das refeições para a equipe embarcada, seguindo padrões de higiene e nutrição.
    - **Comissário de Bordo Offshore**: Garantir o bem-estar e o conforto dos tripulantes durante a estadia a bordo.
    - **Eletricista Offshore**: Manutenção dos sistemas elétricos, instalação de equipamentos e solução de problemas.
    - **Geólogo e Geofísico Offshore**: Estudo de rochas e formações submarinas para otimização da exploração de recursos naturais.
- **Como Escolher a Profissão Certa**
    - Comparar requisitos educacionais e habilidades necessárias.
    - Perfis de personalidade que se encaixam em cada profissão.

Capítulo 3: Habilidades e Certificações Necessárias

- **Certificações Essenciais**
    - **CBSP (Curso Básico de Segurança em Plataformas)**: Curso obrigatório que prepara os trabalhadores para lidar com situações de emergência.
    - **HUET (Helicopter Underwater Escape Training)**: Treinamento para escapar de helicópteros em situações de acidente no mar.
    - **NR-33 (Espaços Confinados)**: Treinamento obrigatório para quem trabalha em espaços confinados.
    - **NR-35 (Trabalho em Altura)**: Obrigatório para quem trabalha em alturas, como em plataformas de perfuração.
- **Onde Fazer Esses Cursos**
    - Lista de instituições certificadas que oferecem esses treinamentos.
    - Duração e custo dos cursos.
- **Habilidades Técnicas e Pessoais**
    - Habilidades essenciais: trabalho em equipe, comunicação, resolução de problemas, resiliência ao isolamento.
    - Importância da saúde mental e física.

Capítulo 4: O Dia a Dia no Trabalho Offshore

- **Rotinas Comuns a Bordo**
    - Horários de trabalho (geralmente turnos de 12 horas).
    - Refeições e alimentação.
    - Acomodações a bordo: como é viver em cabines compartilhadas.
    - Regras e regulamentos a bordo: convivência em ambientes confinados.
- **Desafios Emocionais e Mentais**
    - Como lidar com o isolamento e a saudade de casa.
    - Dicas para manter a saúde mental durante os longos períodos embarcados.
- **Entretenimento e Passatempos**
    - Como ocupar o tempo livre a bordo: academias, salas de jogos, internet limitada.

Capítulo 5: Segurança no Trabalho Offshore

- **Cultura de Segurança**
    - A importância da segurança na indústria offshore.
    - Como os profissionais são treinados para identificar e mitigar riscos.
- **Equipamentos de Proteção Individual (EPIs)**
    - Tipos de EPIs e a importância de utilizá-los corretamente.
- **Sistemas de Resposta a Emergências**

- Protocolos para evacuação e resgate.
   - O papel de cada profissional em uma emergência.

Capítulo 6: Como Ingressar na Carreira Offshore

- **Onde Encontrar Vagas**
  - Principais sites de recrutamento para trabalho offshore.
  - Dicas para criar um perfil atrativo no LinkedIn e outros sites de emprego.
- **Como se Destacar em Processos Seletivos**
  - Dicas para entrevistas: o que os recrutadores buscam.
  - Como preparar um bom currículo focado em habilidades técnicas e certificações.
- **Programas de Estágio e Trainee**
  - Algumas empresas oferecem programas de trainee específicos para trabalhos embarcados. Fique atento a essas oportunidades.

Capítulo 7: Planejamento Financeiro para Profissionais Offshore

- **Salários no Setor Offshore**
  - Faixas salariais para diferentes cargos.
  - Como o trabalho embarcado oferece a oportunidade de acumular rendimentos elevados rapidamente.
- **Dicas para Gerenciar as Finanças**
  - Como planejar o futuro, gerenciar gastos durante os períodos embarcados e investir de forma inteligente.
- **Planejamento de Longo Prazo**
  - O que considerar ao planejar uma transição para outro tipo de trabalho ou aposentadoria.

Capítulo 8: Histórias Reais e Entrevistas

- **Depoimentos de Profissionais Offshore**
  - Relatos de quem já está no mercado, descrevendo seus primeiros embarques, maiores desafios e conquistas.
- **Lições Aprendidas no Mar**
  - Dicas valiosas sobre o que esperar e como lidar com as dificuldades do trabalho offshore.

Capítulo 9: Equilíbrio Entre Trabalho e Vida Pessoal

- **Dicas para Manter Relacionamentos Saudáveis**

- o Como lidar com a distância da família e amigos durante os longos embarques.
  - o Estratégias de comunicação à distância.
- **Aproveitando os Períodos de Folga**
  - o O que fazer nos períodos de descanso: como recarregar as energias, aproveitar o tempo livre e planejar atividades com a família.

Capítulo 10: Futuro das Carreiras Offshore

- **Tendências e Inovações no Setor**
  - o Automação e digitalização: como essas mudanças estão impactando as profissões offshore.
  - o Sustentabilidade e o futuro da energia offshore (ex: energia eólica, plataformas de energia renovável).

Como Trabalhar Embarcado: Um Guia Completo para Carreiras Offshore

Capítulo 1: Introdução à Vida Embarcada

O que é o trabalho embarcado?

Trabalhar embarcado significa atuar em locais remotos, normalmente no mar, em plataformas de petróleo, navios ou embarcações especializadas. Esse tipo de trabalho é comum nas indústrias de petróleo e gás, mineração, transporte marítimo, e pesca. O ambiente de trabalho offshore é único e desafiador, com profissionais passando longos períodos longe de suas casas, geralmente em escalas que podem variar de 14 a 28 dias embarcados, seguidos de períodos de folga de duração similar.

O trabalho embarcado envolve uma série de funções que vão desde serviços técnicos especializados, como engenheiros e operadores de máquinas, até serviços de suporte, como cozinheiros e marinheiros. Uma característica comum é a intensidade das jornadas: os trabalhadores costumam cumprir turnos de 12 horas, com um ritmo de trabalho contínuo, e compartilham alojamentos e áreas comuns com outros tripulantes.

Setores com Oportunidades Offshore

- **Petróleo e Gás**: Esse é o setor mais conhecido quando se fala em trabalho offshore. As plataformas de exploração e produção de petróleo em alto-mar demandam uma vasta gama de profissionais, como operadores, técnicos, engenheiros e eletricistas. O Brasil, por exemplo, possui uma das maiores reservas de petróleo em alto-mar do mundo, e muitas oportunidades estão relacionadas a essa área.
- **Mineração**: Algumas operações de extração de minerais, especialmente em regiões insulares ou em alto-mar, também demandam trabalhadores embarcados. Esse é um nicho menor comparado ao petróleo, mas ainda oferece boas oportunidades.
- **Transporte Marítimo**: Trabalhar a bordo de navios de carga, cruzeiros ou mesmo barcos de pesca é outra forma de estar embarcado. Nessas embarcações, existem cargos como marinheiros, operadores de equipamentos e membros de tripulação responsáveis pela logística e pela navegação.
- **Turismo e Pesca**: Em setores como a pesca industrial ou o turismo marítimo (cruzeiros), há uma demanda crescente por profissionais especializados. Embora a escala de trabalho possa ser diferente, as oportunidades para quem deseja seguir carreira no mar são significativas.

Vantagens e Desafios do Trabalho Embarcado

Vantagens:

1. **Altos Salários**: Uma das maiores motivações para seguir carreira offshore é o salário, que costuma ser consideravelmente mais alto do que o de empregos convencionais em terra. Isso se deve aos desafios e riscos inerentes ao ambiente de trabalho e à necessidade de passar longos períodos longe de casa.
2. **Períodos de Folga Longos**: Após cumprir uma escala de trabalho (que pode variar de 14 a 28 dias), o trabalhador normalmente desfruta de um período de folga igualmente longo, permitindo mais tempo para se dedicar à família, hobbies e outras atividades pessoais.
3. **Experiência Internacional**: O trabalho embarcado frequentemente oferece a oportunidade de viajar para diferentes locais do mundo. Muitas empresas operam globalmente, o que pode proporcionar experiências culturais ricas e a chance de desenvolver uma rede internacional de contatos.

Desafios:

1. **Isolamento e Saudade da Família**: Passar semanas longe da família e amigos pode ser emocionalmente desafiador. O isolamento do ambiente offshore,

combinado com a distância física, exige uma forte capacidade de adaptação e resiliência emocional.
2. **Condições de Trabalho Intensas**: Trabalhar 12 horas por dia, todos os dias, sem folga durante o embarque, pode ser exaustivo. A rotina embarcada é exigente e não há muita margem para descanso além do período pós-turno.
3. **Adaptação ao Ambiente Restrito**: Viver em uma plataforma ou navio significa estar em um espaço confinado, compartilhando acomodações e áreas comuns com outros trabalhadores. Isso pode ser um desafio para quem não está acostumado a essa proximidade constante com colegas de trabalho.

História e Crescimento do Setor Offshore

A exploração offshore teve um crescimento significativo nas últimas décadas, especialmente no setor de petróleo e gás. No Brasil, por exemplo, a descoberta do pré-sal, em 2006, revolucionou a indústria energética do país, impulsionando a demanda por mão de obra qualificada para trabalhar em plataformas marítimas. O desenvolvimento de tecnologias avançadas permitiu que as empresas expandissem suas operações para águas cada vez mais profundas, onde grandes reservas de petróleo estão localizadas.

Com o avanço das tecnologias de perfuração e exploração, o setor offshore se tornou um dos mais lucrativos e desafiadores da economia global. Além do petróleo, outras indústrias também começaram a se expandir para o mar, incluindo a energia eólica offshore, uma alternativa sustentável que está crescendo em países da Europa e da Ásia.

Esse crescimento gerou uma demanda constante por profissionais treinados e certificados para operar e manter as infraestruturas em alto-mar. Com a expansão da indústria, surgiram mais oportunidades de emprego e programas de capacitação especializados para formar novos trabalhadores.

Capítulo 2: Oportunidades Profissionais Embarcadas

Trabalhar embarcado oferece uma ampla gama de oportunidades para profissionais com diferentes níveis de experiência e qualificação. A diversidade de cargos vai desde funções operacionais básicas até posições altamente especializadas, como engenheiros e geólogos. Este capítulo explora as principais profissões embarcadas, explicando o papel de cada uma, as habilidades exigidas e como ingressar nessas carreiras.

Principais Profissões Embarcadas

1. Pintor de Estruturas Metálicas

O pintor de estruturas metálicas é responsável por proteger as superfícies metálicas das plataformas e embarcações contra a corrosão, um problema comum no ambiente offshore devido à exposição ao sal e à umidade. Além de aplicar tintas especiais, o profissional realiza tratamentos de superfície, como a preparação e limpeza, para garantir a durabilidade das estruturas.

- **Habilidades Necessárias**: Conhecimento em técnicas de pintura industrial, habilidade com equipamentos de pulverização e escovação, e noções de segurança para trabalho em altura.
- **Certificações Relevantes**: NR-35 (trabalho em altura) e cursos de qualificação em pintura industrial.
- **Dicas**: Para se destacar, é importante manter-se atualizado sobre as melhores práticas de proteção anticorrosiva e entender os produtos químicos utilizados nesse trabalho.

2. Técnico de Segurança do Trabalho

O técnico de segurança do trabalho offshore garante que as operações sejam realizadas dentro dos padrões de segurança. Ele é responsável por implementar e monitorar o cumprimento das normas de segurança, investigar acidentes e sugerir melhorias para reduzir riscos.

- **Habilidades Necessárias**: Conhecimento profundo das regulamentações de segurança (NRs), habilidade para identificar riscos e capacidade de liderar treinamentos de segurança.
- **Certificações Relevantes**: NR-33 (trabalho em espaços confinados), NR-35 (trabalho em altura), e CBSP (Curso Básico de Segurança em Plataformas).
- **Dicas**: Estar sempre atualizado sobre mudanças nas regulamentações e buscar cursos de aperfeiçoamento em segurança do trabalho é essencial para quem deseja se destacar nessa profissão.

3. Operador de Equipamentos Submarinos (ROV)

Os operadores de ROV (veículos operados remotamente) controlam robôs submersos usados para realizar inspeções, manutenções e reparos em áreas subaquáticas. Eles operam os ROVs a partir da plataforma ou embarcação, supervisionando missões que envolvem grande precisão.

- **Habilidades Necessárias**: Forte conhecimento em eletrônica e hidráulica, habilidades de operação remota e resolução de problemas técnicos.
- **Certificações Relevantes**: Certificação em operação de ROVs, cursos em eletrônica e hidráulica.
- **Dicas**: Essa é uma área de alta demanda. Cursos técnicos especializados em ROV podem ajudar a ingressar nesse nicho lucrativo e tecnológico.

4. Marinheiro de Convés

O marinheiro de convés auxilia em todas as tarefas operacionais a bordo de embarcações ou plataformas. Suas funções incluem manuseio de cabos e amarras, manutenção de equipamentos, e apoio nas manobras de atracação e desatracação.

- **Habilidades Necessárias**: Conhecimento prático de navegação, manuseio de embarcações auxiliares, e habilidades de manutenção.
- **Certificações Relevantes**: Cursos de formação de marinheiro de convés e certificados de treinamento básico em segurança marítima.
- **Dicas**: A experiência é essencial para crescer nessa profissão. Manter-se em boa forma física e atualizado com as técnicas de manuseio de embarcações é importante.

5. Técnico em Mecânica Offshore

O técnico em mecânica é responsável pela manutenção e reparo de todos os sistemas mecânicos em plataformas e embarcações. Eles trabalham com motores, sistemas de perfuração, bombas e outras máquinas essenciais para a operação offshore.

- **Habilidades Necessárias**: Conhecimento profundo em mecânica, hidráulica e pneumática. Capacidade de diagnosticar e solucionar problemas em equipamentos complexos.
- **Certificações Relevantes**: Curso técnico em mecânica industrial, certificações em hidráulica e pneumática, e CBSP.
- **Dicas**: Aprofundar-se em áreas específicas, como a manutenção de motores de grande porte, pode abrir portas para funções mais especializadas e de maior remuneração.

6. Engenheiro de Petróleo

O engenheiro de petróleo offshore trabalha no planejamento e execução de operações de perfuração, supervisão de poços, e análise geológica. Seu papel é essencial para otimizar a produção e garantir que os processos sejam realizados de forma eficiente e segura.

- **Habilidades Necessárias**: Forte conhecimento em engenharia, geologia e processos de perfuração. Habilidades analíticas e de gerenciamento de projetos.
- **Certificações Relevantes**: Diploma de engenharia com especialização em petróleo, certificações em gerenciamento de poços (IWCF), e CBSP.
- **Dicas**: Continuar os estudos em áreas avançadas de perfuração e reservatórios pode aumentar suas chances de progressão na carreira.

7. Cozinheiro Offshore

O cozinheiro offshore é responsável por preparar refeições para toda a equipe a bordo, seguindo rigorosos padrões de higiene e nutrição. Ele também planeja os cardápios, controla os estoques de alimentos e supervisiona a limpeza da cozinha.

- **Habilidades Necessárias**: Conhecimento de culinária industrial, boas práticas de higiene e segurança alimentar, e habilidades organizacionais.
- **Certificações Relevantes**: Cursos de culinária e segurança alimentar.

- **Dicas**: Um bom cozinheiro offshore mantém os trabalhadores bem alimentados e satisfeitos, o que pode impactar positivamente o ambiente de trabalho. Investir em especializações em culinária industrial é uma excelente maneira de se destacar.

8. Comissário de Bordo Offshore

Esse profissional garante o bem-estar da tripulação, cuidando do conforto e da organização dos espaços de convivência a bordo. Suas tarefas incluem a gestão das acomodações, controle de lavanderia, e administração de outros serviços de apoio.

- **Habilidades Necessárias**: Capacidade de organização, boas práticas de higiene, e habilidades de comunicação.
- **Certificações Relevantes**: Cursos de hospitalidade e gestão de serviços.
- **Dicas**: O comissário que mantém um ambiente limpo e organizado contribui para o bem-estar emocional da equipe. Foco nos detalhes e eficiência na gestão das acomodações são diferenciais.

9. Eletricista Offshore

O eletricista offshore é responsável por toda a infraestrutura elétrica da plataforma ou embarcação. Suas funções incluem a instalação, manutenção e reparo de sistemas elétricos, além de garantir que tudo funcione de maneira segura e eficiente.

- **Habilidades Necessárias**: Conhecimento em sistemas elétricos industriais, capacidade de diagnosticar falhas e realizar reparos em ambiente de alto risco.
- **Certificações Relevantes**: Diploma técnico em eletricidade, certificações NR-10 e NR-35.
- **Dicas**: A demanda por eletricistas qualificados é alta. Especializações em sistemas de alta voltagem e automação industrial são vantagens competitivas.

10. Geólogo e Geofísico Offshore

Esses profissionais estudam as formações rochosas e submarinas para otimizar a exploração de recursos naturais, como petróleo e gás. Eles realizam análises geológicas detalhadas e utilizam tecnologias avançadas para mapear áreas de interesse.

- **Habilidades Necessárias**: Conhecimento em geologia, geofísica, e interpretação de dados sísmicos. Habilidade com softwares de modelagem geológica.
- **Certificações Relevantes**: Diploma em geologia ou geofísica, certificações em software de análise geológica.
- **Dicas**: Geólogos com experiência offshore estão em alta demanda. Investir em programas avançados de modelagem e análise de dados geológicos pode aumentar as oportunidades de crescimento.

Capítulo 3: Qualificações e Certificações Necessárias para Trabalhar Offshore

Trabalhar em alto-mar requer não apenas habilidades técnicas e experiência, mas também uma série de certificações e qualificações específicas para garantir a segurança e a eficiência no ambiente de trabalho offshore. Este capítulo detalha as principais certificações exigidas e como obtê-las, além de discutir a importância de treinamentos contínuos para o sucesso na carreira embarcada.

1. CBSP (Curso Básico de Segurança de Plataforma)

O CBSP, também conhecido como *Basic Offshore Safety Induction and Emergency Training* (BOSIET), é uma certificação obrigatória para praticamente todos os profissionais que desejam trabalhar em plataformas offshore. O curso prepara os trabalhadores para situações de emergência, como evacuação de plataforma, uso de equipamentos de segurança, combate a incêndios e primeiros socorros.

- **Duração**: O curso geralmente dura de três a cinco dias.
- **Conteúdo**: Treinamento de evacuação em caso de emergência, técnicas de sobrevivência no mar, combate a incêndios, e primeiros socorros.
- **Validade**: O CBSP tem validade de quatro anos e deve ser renovado ao fim desse período.

2. NR-33 (Segurança em Espaços Confinados)

A NR-33 é uma norma regulamentadora que estabelece os requisitos mínimos para garantir a segurança dos trabalhadores que entram em espaços confinados, comuns em plataformas e navios. Os espaços confinados podem ser áreas de armazenamento, tanques ou outros ambientes de difícil acesso.

- **Duração**: O curso dura cerca de 16 a 24 horas, divididas entre aulas teóricas e práticas.
- **Conteúdo**: Técnicas de trabalho em espaços confinados, medidas preventivas, e procedimentos de resgate.
- **Validade**: A validade da certificação é de um ano, sendo necessário renová-la periodicamente.

3. NR-35 (Trabalho em Altura)

A NR-35 é uma certificação essencial para qualquer trabalhador que precise realizar atividades a mais de dois metros de altura, como em plataformas e embarcações offshore. O curso ensina técnicas de segurança para evitar quedas e garantir a integridade física dos profissionais.

- **Duração**: Aproximadamente 8 a 16 horas.
- **Conteúdo**: Normas de segurança, uso correto de equipamentos de proteção individual (EPIs) e técnicas de resgate.

- **Validade**: A certificação é válida por dois anos, com necessidade de reciclagem após esse período.

4. Certificação HUET (Helicopter Underwater Escape Training)

O HUET é um treinamento de fuga de helicóptero submerso, extremamente importante para quem trabalha em plataformas de petróleo, já que o transporte de trabalhadores para as plataformas é feito frequentemente por helicópteros. O curso simula situações de emergência, preparando os profissionais para se soltarem e saírem de um helicóptero em caso de queda na água.

- **Duração**: De um a dois dias.
- **Conteúdo**: Simulações de evacuação de helicóptero embaixo d'água, uso de coletes salva-vidas, e técnicas de sobrevivência no mar.
- **Validade**: Normalmente, tem validade de quatro anos.

5. Certificação STCW (Standards of Training, Certification, and Watchkeeping for Seafarers)

A certificação STCW é essencial para profissionais que trabalham em embarcações. Ela estabelece padrões internacionais de treinamento e certificação para garantir que os trabalhadores marítimos tenham as habilidades necessárias para operar com segurança em alto-mar.

- **Duração**: Depende do nível de certificação, mas geralmente varia de uma a quatro semanas.
- **Conteúdo**: Treinamento básico de segurança marítima, combate a incêndio, primeiros socorros, e técnicas de sobrevivência.
- **Validade**: As certificações STCW têm validade de cinco anos e precisam ser renovadas para permanecerem válidas.

6. Certificações Técnicas Específicas

Dependendo da profissão escolhida, certificações técnicas específicas podem ser necessárias. Por exemplo, operadores de equipamentos submarinos (ROV) precisam de certificações em eletrônica e hidráulica, enquanto técnicos em mecânica podem precisar de cursos avançados em manutenção de sistemas hidráulicos e pneumáticos. Aqui estão algumas certificações técnicas comuns:

- **Certificação em Soldagem Offshore**: Para soldadores, existem certificações específicas em soldagem subaquática e de alta pressão, fundamentais para a manutenção de estruturas metálicas em plataformas.
- **Certificação em Eletricidade Industrial**: Eletricistas devem obter certificações em sistemas de alta voltagem e automação para trabalhar em plataformas e navios.
- **Certificação de Geologia e Geofísica Offshore**: Geólogos e geofísicos precisam de qualificações em softwares de modelagem e análise de dados geológicos específicos para operações em alto-mar.

7. Certificação Internacional IWCF (Well Control Certification)

Para engenheiros de petróleo e outros profissionais envolvidos em operações de perfuração, a certificação IWCF é fundamental. Ela certifica a capacidade de gerenciar poços de forma segura e eficiente, controlando a pressão e evitando problemas como o *blowout* (vazamento de petróleo descontrolado).

- **Duração**: Cerca de cinco dias.
- **Conteúdo**: Controle de pressão de poços, técnicas de perfuração, e gestão de situações de emergência.
- **Validade**: A certificação deve ser renovada a cada dois anos.

8. Cursos de Idiomas e Soft Skills

Trabalhar offshore em empresas internacionais exige muitas vezes o domínio de um segundo idioma, especialmente o inglês. Cursos de inglês técnico são altamente recomendados para profissionais que desejam crescer na carreira, já que muitas das documentações técnicas e comunicações em plataformas internacionais são feitas nesse idioma.

Além disso, *soft skills* como liderança, trabalho em equipe e capacidade de resolver problemas em situações de estresse são habilidades valiosas que podem ser desenvolvidas através de cursos e treinamentos. Essas habilidades são especialmente importantes no ambiente offshore, onde o trabalho em equipe e a capacidade de lidar com situações críticas são fundamentais.

9. Certificação em Primeiros Socorros

Independentemente da função, todos os trabalhadores offshore devem ter treinamento básico em primeiros socorros. As situações de emergência podem ocorrer em qualquer momento, e a capacidade de prestar os primeiros socorros pode salvar vidas.

- **Duração**: Geralmente um a dois dias.
- **Conteúdo**: Técnicas de ressuscitação cardiopulmonar (RCP), tratamento de feridas, fraturas, e transporte de vítimas.
- **Validade**: A certificação deve ser renovada periodicamente, com recomendações de reciclagem a cada dois anos.

10. Reciclagem e Atualização Contínua

A indústria offshore está em constante evolução, com novas tecnologias, regulamentações e práticas de segurança sendo introduzidas regularmente. Por isso, é importante que os profissionais embarcados busquem constantemente reciclagens e cursos de atualização para se manterem competitivos no mercado.

Capítulo 4: Desafios e Vantagens de Trabalhar Embarcado

Trabalhar embarcado, especialmente em plataformas de petróleo e navios, é uma escolha de carreira que oferece tanto benefícios significativos quanto desafios únicos. Este capítulo explora as principais vantagens e dificuldades dessa vida profissional, ajudando a criar uma visão realista do que esperar ao ingressar no setor offshore.

1. Vantagens de Trabalhar Embarcado

1.1. Altos Salários e Benefícios Atrativos

Uma das maiores vantagens de trabalhar embarcado são os salários atrativos. Devido ao ambiente desafiador, ao nível de especialização exigido e à natureza isolada do trabalho, as empresas oferecem remunerações bastante competitivas. Além disso, muitos trabalhadores offshore recebem benefícios adicionais, como bonificações por perigosidade, planos de saúde robustos e pensões.

- **Exemplo**: Um técnico em manutenção offshore pode ganhar até três vezes mais do que um técnico equivalente que trabalha em terra firme, graças aos adicionais como periculosidade e insalubridade.

1.2. Períodos de Folga Prolongados

Outra vantagem atraente para os trabalhadores embarcados são os longos períodos de folga. Embora a jornada a bordo seja intensa, com longos turnos e trabalho contínuo, muitas vezes segue-se uma folga prolongada após o período embarcado, conhecida como sistema de escala.

- **Exemplo**: Uma escala comum no trabalho embarcado é o sistema 14x14, onde o trabalhador fica 14 dias a bordo e depois tem 14 dias de folga. Alguns sistemas operam com 28 dias embarcados e 28 dias de descanso.

1.3. Crescimento Profissional e Oportunidades Globais

O setor offshore oferece uma ampla gama de oportunidades de carreira, tanto em nível técnico quanto gerencial. Profissionais qualificados, com certificações e experiência offshore, podem se beneficiar de oportunidades internacionais, já que as habilidades adquiridas são valiosas em várias partes do mundo.

- **Exemplo**: Engenheiros de petróleo ou operadores de ROVs, por exemplo, são frequentemente recrutados para trabalhar em operações no Mar do Norte, Golfo do México, e até no Oriente Médio, com pacotes de benefícios competitivos.

1.4. Estabilidade no Emprego

Apesar das flutuações no mercado de petróleo e gás, a demanda por trabalhadores qualificados em ambientes offshore permanece alta. A especialização necessária e o alto nível de certificações exigidas tornam os trabalhadores embarcados valiosos, garantindo um certo nível de estabilidade no emprego, especialmente para profissionais com experiência consolidada.

1.5. Experiência Única e Estilo de Vida

Trabalhar embarcado é uma experiência única que oferece uma rotina fora do comum, com a oportunidade de conviver com pessoas de diversas nacionalidades e culturas. Para quem gosta de desafios, o ambiente dinâmico e a camaradagem que se forma entre os trabalhadores a bordo podem ser aspectos extremamente recompensadores.

- **Exemplo**: Em muitas plataformas offshore, os trabalhadores formam verdadeiras "famílias", já que passam longos períodos juntos em um ambiente isolado.

2. Desafios de Trabalhar Embarcado

2.1. Longos Períodos de Isolamento

Um dos maiores desafios de trabalhar embarcado é o isolamento físico e emocional. Durante o período a bordo, os trabalhadores estão distantes de suas famílias e amigos, e o contato com o mundo exterior é limitado. Isso pode ser emocionalmente desgastante, especialmente para aqueles que têm dificuldade em se adaptar à solidão ou sentem a falta de eventos familiares importantes.

- **Exemplo**: As festas de fim de ano ou aniversários podem ser passados a bordo, longe da família, o que pode ser difícil para muitos profissionais.

2.2. Rotina Extenuante e Fadiga

A rotina offshore costuma ser intensa, com jornadas de trabalho longas e muitas vezes extenuantes. Muitos trabalhadores embarcados enfrentam turnos de 12 horas, sem dias de folga durante o período embarcado. Isso pode levar à fadiga física e mental, exigindo que os trabalhadores tenham excelente resistência e capacidade de manter o foco em situações de cansaço extremo.

- **Exemplo**: É comum que os trabalhadores precisem enfrentar condições climáticas adversas, como ventos fortes, chuvas e calor extremo, o que aumenta a pressão física e mental do trabalho.

2.3. Ambiente Perigoso e Exposição a Riscos

Trabalhar em plataformas e embarcações expõe os profissionais a uma série de riscos, incluindo explosões, vazamentos de gás, incêndios e condições climáticas extremas. Embora as empresas sigam rigorosos padrões de segurança, o ambiente offshore é inerentemente perigoso e exige atenção constante às normas de segurança e uso adequado dos equipamentos de proteção.

- **Exemplo**: O uso de EPIs (Equipamentos de Proteção Individual), como capacetes, óculos de proteção e cintos de segurança, é obrigatório o tempo todo para minimizar os riscos de acidentes.

2.4. Impacto na Vida Pessoal e Familiar

Outro grande desafio do trabalho embarcado é o impacto na vida pessoal. Estar ausente por longos períodos pode ser difícil para manter relacionamentos, tanto com o cônjuge quanto com os filhos. A ausência em eventos familiares, como aniversários, formaturas e feriados, pode criar um distanciamento emocional e até levar a problemas familiares.

- **Dica**: Manter uma comunicação constante e aberta com os familiares, mesmo à distância, é essencial para minimizar o impacto negativo dessa ausência.

2.5. Adaptação à Vida Comunitária

Trabalhar em um ambiente embarcado significa compartilhar espaços comuns, como refeitórios, dormitórios e áreas de lazer, com um número limitado de colegas. Para alguns, a falta de privacidade e a necessidade de conviver de forma próxima com outras pessoas pode ser um desafio. Adaptar-se a esse tipo de convivência exige tolerância, paciência e boas habilidades de comunicação.

- **Exemplo**: Os alojamentos muitas vezes têm cabines compartilhadas, e é necessário seguir regras rígidas de convivência para garantir o respeito e a harmonia entre os trabalhadores.

2.6. Requisitos Físicos e de Saúde

O ambiente offshore também exige boa forma física e saúde robusta. Antes de embarcar, os trabalhadores precisam passar por exames médicos rigorosos, que verificam se estão aptos para enfrentar as condições do trabalho. Profissionais com problemas de saúde, como hipertensão, doenças cardíacas ou claustrofobia, podem encontrar dificuldades para se adaptar ao ambiente restrito e, por vezes, hostil das plataformas.

- **Dica**: Manter uma rotina de exercícios físicos e uma alimentação equilibrada é essencial para garantir a resistência física necessária para trabalhar em um ambiente offshore.

3. Como Superar os Desafios de Trabalhar Embarcado

3.1. Estabelecer uma Rotina Pessoal

Criar uma rotina pessoal, que inclua momentos de lazer e atividades físicas durante o tempo livre a bordo, pode ajudar a reduzir o estresse e melhorar o bem-estar geral. Levar livros, música ou até se engajar em cursos online durante o período a bordo pode ajudar a manter a mente ativa e aliviar o sentimento de isolamento.

3.2. Manter-se Conectado com a Família

Com a evolução da tecnologia, muitas plataformas e embarcações oferecem conexão à internet e telefones satelitais. Manter contato regular com a família por meio de videochamadas ou mensagens é uma maneira eficaz de reduzir a saudade e fortalecer os laços, mesmo à distância.

3.3. Preparar-se Psicologicamente para o Isolamento

Estar mentalmente preparado para o isolamento e os longos períodos de afastamento pode fazer uma grande diferença. Isso pode incluir conversas abertas com a família antes de embarcar, para alinhar expectativas, e até buscar apoio psicológico se necessário. Muitos profissionais offshore relatam que ter um forte apoio emocional é fundamental para superar os períodos mais difíceis.

3.4. Envolver-se em Atividades Coletivas

Participar de atividades recreativas a bordo, como competições esportivas, jogos de cartas ou outros eventos organizados pela tripulação, pode ajudar a fortalecer os laços com os colegas e aliviar o estresse. Essas atividades podem fazer com que o tempo passe mais rápido e contribuam para criar um ambiente de trabalho mais agradável.

Capítulo 5: As Principais Profissões Offshore

O ambiente offshore oferece uma ampla variedade de oportunidades de carreira, abrangendo diferentes áreas de especialização, desde funções técnicas até gerenciais. Este capítulo explora as principais profissões offshore, seus requisitos, responsabilidades e oportunidades de crescimento dentro da indústria.

1. Engenheiro de Petróleo

1.1. Função

O engenheiro de petróleo é responsável pelo planejamento, desenvolvimento e gerenciamento das operações de exploração e produção de petróleo e gás. Ele trabalha diretamente com as operações de perfuração e extração de poços, garantindo que os processos ocorram de forma segura e eficiente.

1.2. Requisitos

Para se tornar um engenheiro de petróleo, é necessário possuir formação superior em Engenharia de Petróleo ou áreas correlatas, como Engenharia Química ou de Minas. Além disso, certificações específicas, como o IWCF (International Well Control Forum), são frequentemente exigidas.

1.3. Responsabilidades

- Planejamento e supervisão de operações de perfuração e extração.
- Garantir o controle de pressão dos poços e a segurança das operações.
- Analisar e interpretar dados geológicos e de reservatórios para otimizar a produção.

1.4. Oportunidades de Crescimento

Engenheiros de petróleo podem progredir para posições de gestão, como gerente de operações ou diretor de campo. Com experiência e conhecimento técnico, também podem atuar em consultorias ou empresas internacionais.

2. Técnico de Manutenção (Mecânica e Elétrica)

2.1. Função

Os técnicos de manutenção são responsáveis pela inspeção, reparo e manutenção de equipamentos essenciais para as operações offshore, incluindo sistemas mecânicos, elétricos e hidráulicos. Eles garantem que os equipamentos estejam funcionando de forma eficiente e segura.

2.2. Requisitos

Para atuar nessa função, é necessário ter formação técnica em áreas como Mecânica, Eletrotécnica ou Automação Industrial. Certificações adicionais, como a NR-10 (Segurança em Instalações e Serviços em Eletricidade) e NR-35 (Trabalho em Altura), são exigidas.

2.3. Responsabilidades

- Manutenção preventiva e corretiva de sistemas mecânicos e elétricos.
- Identificação e solução de falhas em equipamentos.
- Garantir que todos os reparos e manutenções sigam os padrões de segurança e eficiência.

2.4. Oportunidades de Crescimento

Com experiência, os técnicos podem avançar para cargos de supervisão, coordenando equipes de manutenção ou até assumindo funções gerenciais dentro da operação.

3. Operador de ROV (Remotely Operated Vehicle)

3.1. Função

O operador de ROV é responsável pelo controle e operação de veículos submersíveis não tripulados, usados para inspeção e reparo de estruturas subaquáticas, como dutos e plataformas. Esses veículos são essenciais para operações em profundidades extremas, onde mergulhadores não podem atuar.

3.2. Requisitos

Para se tornar um operador de ROV, é necessário ter formação técnica em áreas como Eletrônica, Mecatrônica ou Engenharia Submarina. Além disso, certificações em operação de ROVs e experiência prática são altamente valorizadas.

3.3. Responsabilidades

- Operação de veículos submersíveis para realizar inspeções e reparos subaquáticos.
- Manutenção dos ROVs, garantindo que estejam em perfeitas condições de uso.
- Coleta de dados e imagens subaquáticas para análises posteriores.

3.4. Oportunidades de Crescimento

Operadores de ROV com experiência podem avançar para funções de supervisão ou especializar-se em tipos específicos de ROVs usados em operações mais complexas, como inspeção de poços de petróleo.

4. Mergulhador Profissional

4.1. Função

O mergulhador profissional trabalha em atividades subaquáticas de inspeção, manutenção e reparo de estruturas offshore, como plataformas e dutos. Este é um dos trabalhos mais perigosos e tecnicamente exigentes em ambientes offshore.

4.2. Requisitos

Além de treinamento básico em mergulho, os mergulhadores precisam de certificações especializadas, como a HSE (Health and Safety Executive), que garante que o profissional esteja apto a atuar em condições extremas e perigosas.

4.3. Responsabilidades

- Realizar reparos subaquáticos em estruturas metálicas.
- Inspecionar dutos e outras infraestruturas submersas.
- Trabalhar em coordenação com a equipe de superfície para garantir a segurança durante as operações.

4.4. Oportunidades de Crescimento

Mergulhadores profissionais podem avançar para funções de supervisão ou especializar-se em áreas específicas, como soldagem subaquática, uma habilidade altamente valorizada.

5. Geólogo Offshore

5.1. Função

O geólogo offshore é responsável por estudar a estrutura e composição das formações rochosas sob o leito marinho, a fim de identificar locais promissores para a perfuração de petróleo e gás. Eles utilizam dados geofísicos e amostras de rochas para orientar as operações de perfuração.

5.2. Requisitos

Um diploma em Geologia ou Geofísica é essencial para essa função, juntamente com experiência em análise de dados geológicos e geofísicos. Certificações em softwares específicos de modelagem geológica também são frequentemente exigidas.

5.3. Responsabilidades

- Coletar e analisar amostras de rochas e dados sísmicos.
- Identificar e mapear reservatórios potenciais de petróleo e gás.

- Fornecer suporte técnico às equipes de perfuração para maximizar a eficiência e segurança das operações.

5.4. Oportunidades de Crescimento

Geólogos offshore podem crescer para funções de liderança em empresas de exploração de petróleo e gás ou em consultorias especializadas em geociências.

6. Plataformista

6.1. Função

O plataformista é responsável pela operação e manutenção das plataformas de perfuração. Ele atua diretamente nas operações de perfuração, manuseando equipamentos pesados e assegurando que os processos de perfuração sejam realizados de maneira segura.

6.2. Requisitos

Não é necessário um diploma universitário, mas formação técnica em áreas correlatas, como Mecânica ou Petróleo e Gás, é altamente recomendada. O curso de CBSP é obrigatório, assim como certificações em segurança.

6.3. Responsabilidades

- Operar equipamentos de perfuração.
- Monitorar os processos de perfuração para garantir a segurança.
- Realizar manutenção preventiva em equipamentos pesados.

6.4. Oportunidades de Crescimento

Plataformistas experientes podem avançar para cargos de supervisor de perfuração ou até mesmo gerentes de operações em grandes plataformas.

7. Cozinheiro Offshore

7.1. Função

Embora não envolva diretamente as operações de petróleo, o cozinheiro offshore desempenha um papel crucial no bem-estar dos trabalhadores. Ele é responsável por preparar refeições para toda a tripulação, considerando as restrições alimentares e mantendo os padrões de higiene e segurança alimentar.

7.2. Requisitos

Para ser cozinheiro offshore, é necessário ter formação em Gastronomia ou experiência prévia em cozinhas profissionais. Conhecimentos em nutrição e certificações de higiene alimentar são fundamentais.

7.3. Responsabilidades

- Planejar e preparar refeições para grandes grupos de pessoas.

- Manter a cozinha organizada e em conformidade com as normas de segurança alimentar.
- Gerenciar os estoques de alimentos a bordo.

7.4. Oportunidades de Crescimento

Cozinheiros com experiência podem se tornar chefes de cozinha a bordo ou até atuar em grandes empresas de catering especializadas em ambientes offshore.

8. Capitão de Embarcação

8.1. Função

O capitão é responsável pela navegação e operação segura das embarcações que transportam trabalhadores e equipamentos para as plataformas offshore. Ele também supervisiona a tripulação e garante que as operações de carga e descarga ocorram sem problemas.

8.2. Requisitos

Para ser capitão, é necessário ter uma formação em Ciências Náuticas e obter a certificação STCW. Experiência prática de vários anos como oficial de navegação é essencial.

8.3. Responsabilidades

- Comandar e navegar a embarcação.
- Supervisionar a tripulação e as operações a bordo.
- Garantir a segurança de todos a bordo durante as operações.

8.4. Oportunidades de Crescimento

Capitães com vasta experiência podem progredir para posições de supervisão ou gestão dentro de companhias marítimas.

Capítulo 6: Certificações e Treinamentos Necessários para Trabalhar Offshore

Trabalhar no ambiente offshore exige um conjunto de certificações e treinamentos específicos para garantir a segurança e a eficiência nas operações. Este capítulo explora as principais certificações necessárias para ingressar nesse mercado, além dos treinamentos obrigatórios para os diversos cargos a bordo.

1. Curso Básico de Segurança em Plataforma (CBSP)

1.1. O que é?

O **CBSP** é um curso obrigatório para todos os profissionais que desejam trabalhar embarcados em plataformas de petróleo. Este treinamento tem como objetivo capacitar os trabalhadores para agir de forma adequada em situações de emergência, como incêndios, evacuação e primeiros socorros, garantindo que eles saibam como proteger a si mesmos e aos colegas.

1.2. Conteúdo do Curso

- Técnicas de sobrevivência no mar.
- Combate a incêndios a bordo.
- Primeiros socorros e resgate.
- Evacuação de plataformas e uso de balsas salva-vidas.

1.3. Duração e Certificação

O curso normalmente tem uma duração de 40 horas e é oferecido por instituições certificadas. A certificação tem validade de 5 anos, sendo necessário renovar o curso após esse período.

2. NR-33: Segurança e Saúde nos Trabalhos em Espaços Confinados

2.1. O que é?

A **NR-33** é uma norma reguladora que estabelece os requisitos mínimos para identificar, avaliar e controlar os riscos em espaços confinados. Muitos ambientes offshore, como tanques e compartimentos de embarcações, são considerados espaços confinados, e é necessário que os profissionais estejam treinados para trabalhar com segurança nessas áreas.

2.2. Conteúdo do Curso

- Identificação de espaços confinados.
- Procedimentos de entrada e saída.
- Equipamentos de proteção individual (EPIs) e respiratórios.
- Técnicas de resgate em espaços confinados.

2.3. Duração e Certificação

O curso tem duração de cerca de 16 a 40 horas, dependendo do nível de profundidade. O certificado é geralmente válido por 1 ano, sendo necessária a reciclagem após esse período.

3. NR-35: Trabalho em Altura

3.1. O que é?

A **NR-35** regulamenta as atividades realizadas em altura, acima de 2 metros do nível do solo, que envolvem risco de queda. Muitos trabalhos em plataformas de petróleo e embarcações incluem atividades em altura, como manutenção de guindastes e torres de perfuração, tornando essa certificação obrigatória.

3.2. Conteúdo do Curso

- Técnicas de movimentação e segurança em altura.
- Uso correto de EPIs, como cintos de segurança e cordas.
- Procedimentos de resgate em caso de queda.
- Análise de risco e planejamento de atividades em altura.

3.3. Duração e Certificação

O curso tem duração aproximada de 16 horas, e o certificado também tem validade de 2 anos, com necessidade de reciclagem periódica.

---

4. HUET: Helicopter Underwater Escape Training

4.1. O que é?

O **HUET** é um treinamento voltado para preparar os trabalhadores que precisam viajar de helicóptero até as plataformas offshore. Como o transporte de helicóptero é o principal meio de locomoção até as plataformas, é crucial que os profissionais saibam como agir em situações de emergência, especialmente em pousos forçados na água.

4.2. Conteúdo do Curso

- Procedimentos de evacuação de helicópteros submersos.
- Técnicas de sobrevivência e uso de coletes salva-vidas.
- Respiração subaquática e escape em condições adversas.
- Treinamento prático em simuladores que recriam situações de emergência.

4.3. Duração e Certificação

O curso tem duração de 8 a 16 horas, com validade de 5 anos. Ele é oferecido por centros especializados em treinamento offshore, que utilizam simuladores para a prática de situações de emergência.

---

5. Certificação IWCF (International Well Control Forum)

5.1. O que é?

A **certificação IWCF** é voltada para profissionais que trabalham diretamente com operações de perfuração, como engenheiros de petróleo e plataformistas. O objetivo desse curso é capacitar os trabalhadores para controlar situações de pressão nos poços, prevenindo blowouts (explosões de poços), que podem ser fatais e causar grandes desastres ambientais.

5.2. Conteúdo do Curso

- Controle de pressão de poços de petróleo.
- Procedimentos de resposta a blowouts.
- Manuseio de equipamentos de controle de pressão, como o BOP (Blowout Preventer).
- Simulações de controle de poços em situações de emergência.

5.3. Duração e Certificação

O curso tem duração variável, entre 3 a 5 dias, dependendo do nível de certificação (básico, intermediário ou avançado). A certificação tem validade de 2 anos, sendo necessária a renovação após esse período.

6. Certificações STCW (Standards of Training, Certification and Watchkeeping for Seafarers)

6.1. O que é?

O **STCW** é um conjunto de normas internacionais para a qualificação de tripulações em embarcações. Profissionais que trabalham em navios e embarcações de apoio offshore devem possuir essa certificação, que abrange uma variedade de treinamentos relacionados à navegação e segurança a bordo.

6.2. Conteúdo do Curso

- Primeiros socorros marítimos.
- Técnicas de combate a incêndios em embarcações.
- Procedimentos de navegação e operação segura.
- Sobrevivência no mar e evacuação de emergência.

6.3. Duração e Certificação

O treinamento varia de 5 a 10 dias, dependendo do curso específico. A certificação é válida por 5 anos, e a reciclagem é obrigatória para continuar apto a operar em embarcações.

7. Treinamento em Primeiros Socorros e Combate a Incêndios

7.1. O que é?

O treinamento de primeiros socorros e combate a incêndios é essencial para qualquer trabalhador embarcado, independentemente da função. Essas formações garantem que todos os profissionais saibam como agir em situações de emergência, prestando os primeiros socorros adequados ou combatendo incêndios que possam ocorrer a bordo.

7.2. Conteúdo do Curso

- Noções básicas de atendimento de emergência.
- Técnicas de ressuscitação cardiopulmonar (RCP).
- Uso de desfibriladores externos automáticos (DEA).
- Métodos de combate a incêndios com extintores e hidrantes.

7.3. Duração e Certificação

Esses cursos têm duração de 8 a 24 horas, dependendo da profundidade do conteúdo abordado. A validade varia, mas geralmente é de 1 a 2 anos, sendo necessária reciclagem periódica.

8. Certificações Adicionais para Operações Subaquáticas

8.1. Certificação para Operadores de ROV

Profissionais que operam **ROVs** (veículos subaquáticos não tripulados) precisam de certificações específicas que cobrem a operação, manutenção e segurança de ROVs em ambientes de alta pressão e profundidade.

- **Conteúdo do Curso**: Controle de ROVs, navegação subaquática, manutenção de sistemas eletrônicos e mecânicos.
- **Duração**: Entre 4 a 6 semanas, com certificação válida por 2 anos.

8.2. Certificação para Mergulhadores Profissionais

Mergulhadores profissionais que atuam em operações de inspeção e reparo subaquático devem possuir certificações internacionais, como a **HSE (Health and Safety Executive)**.

- **Conteúdo do Curso**: Técnicas de mergulho em águas profundas, soldagem subaquática, resgate e primeiros socorros.
- **Duração**: De 6 meses a 1 ano, com certificações variáveis dependendo da especialização.

9. Treinamentos de Convivência e Resiliência Emocional

9.1. O que é?

Embora não seja uma certificação técnica, muitos trabalhadores offshore passam por treinamentos focados em resiliência emocional e convivência, especialmente devido ao ambiente isolado e intenso a bordo. Esses treinamentos ajudam a lidar com o estresse, saudade e a pressão do ambiente.

9.2. Conteúdo do Curso

- Técnicas de manejo de estresse.
- Como lidar com a saudade e a solidão.
- Habilidades de convivência em grupos e comunicação interpessoal.

- Ferramentas para manter o equilíbrio emocional durante o período embarcado.

9.3. Duração e Certificação

Esses treinamentos são de curta duração, variando de 8 a 16 horas, e têm como objetivo melhorar a qualidade de vida dos trabalhadores a bordo.

Capítulo 7: Desafios e Recompensas de Trabalhar Offshore

Trabalhar no setor offshore, especialmente em plataformas de petróleo, é uma experiência única que pode oferecer recompensas financeiras significativas e oportunidades de carreira, mas também vem com seus desafios. Este capítulo explora os principais desafios enfrentados por quem trabalha embarcado, assim como os benefícios e recompensas que tornam essa carreira atraente para muitos profissionais.

1. Desafios de Trabalhar Offshore

Trabalhar embarcado envolve uma série de desafios que vão além das responsabilidades técnicas do cargo. Desde o isolamento até as condições adversas, o ambiente offshore pode ser desgastante tanto física quanto emocionalmente.

1.1. Isolamento e Longos Períodos Longe da Família

Um dos maiores desafios de trabalhar offshore é o tempo prolongado longe da família e amigos. Os turnos de trabalho geralmente duram semanas seguidas, com períodos de 14 a 28 dias embarcado, seguidos por dias de folga em terra. Durante o tempo a bordo, o contato com o mundo exterior é limitado, o que pode gerar saudade e isolamento.

Como lidar:

- Manter contato regular com familiares e amigos através de internet ou telefone.
- Participar de atividades de lazer a bordo, como esportes ou filmes, para manter a mente ocupada.
- Aproveitar os períodos de folga para passar tempo de qualidade com entes queridos.

1.2. Condições Climáticas Adversas

O ambiente offshore pode ser imprevisível, com mudanças climáticas repentinas. Tempestades, ventos fortes e mares agitados são comuns, o que pode afetar o conforto e a segurança a bordo. Durante tempestades, as operações podem ser suspensas, mas o desconforto causado pelo balanço da plataforma ou da embarcação continua.

Como lidar:

- Usar medicamentos ou técnicas para prevenir enjoo do mar, se necessário.
- Seguir rigorosamente as instruções de segurança durante condições climáticas adversas.
- Preparar-se mentalmente para períodos de mau tempo, entendendo que são temporários.

1.3. Carga Horária Intensa e Trabalho Físico Exigente

Os turnos de trabalho offshore podem ser intensos, com jornadas de 12 horas ou mais, sete dias por semana, durante o período embarcado. Muitos cargos exigem trabalho físico pesado, o que pode ser desgastante, especialmente em ambientes como plataformas de perfuração, onde o trabalho é manual e técnico.

Como lidar:

- Manter uma boa forma física, com exercícios regulares e uma dieta equilibrada.
- Garantir descanso adequado durante os períodos de folga entre turnos.
- Manter uma rotina de autocuidado, como alongamentos, para evitar lesões.

1.4. Riscos de Segurança

O trabalho offshore, especialmente na indústria de petróleo e gás, envolve riscos significativos, como explosões, incêndios, vazamentos de gás e acidentes com equipamentos pesados. Embora os protocolos de segurança sejam rigorosos, os profissionais precisam estar sempre atentos aos riscos.

Como lidar:

- Participar de todos os treinamentos de segurança obrigatórios e seguir os protocolos rigorosamente.
- Manter os equipamentos de proteção individual (EPIs) em boas condições e usá-los sempre que necessário.
- Estar preparado para agir rapidamente em situações de emergência.

1.5. Rotina Monótona

Embora o trabalho em si possa ser desafiador, a rotina a bordo pode se tornar repetitiva. Com as mesmas tarefas diárias e pouco entretenimento disponível, o tédio é um problema comum entre os trabalhadores offshore.

Como lidar:

- Participar de atividades recreativas oferecidas a bordo, como academias, jogos e filmes.
- Levar livros, filmes ou hobbies pessoais para ocupar o tempo livre.
- Criar pequenas metas diárias ou semanais para quebrar a monotonia e manter a mente focada.

2. Recompensas de Trabalhar Offshore

Apesar dos desafios, trabalhar offshore oferece diversas recompensas que atraem muitos profissionais. Os salários competitivos, a possibilidade de ascensão profissional e a estabilidade financeira são alguns dos principais benefícios.

2.1. Salários Atraentes e Benefícios Financeiros

Um dos maiores atrativos de trabalhar offshore é a compensação financeira. Os salários no setor são, em média, mais altos do que em muitos empregos em terra, e muitos trabalhadores recebem adicionais por condições de risco e insalubridade. Além disso, a maioria das empresas oferece benefícios como planos de saúde, previdência privada e bônus por desempenho.

Exemplos de Salários:

- **Engenheiro de Perfuração**: pode ganhar entre R$ 20.000 e R$ 40.000 mensais, dependendo da experiência.
- **Técnico de Manutenção**: salários variam entre R$ 10.000 e R$ 18.000 mensais.
- **Operador de ROV**: entre R$ 12.000 e R$ 25.000 mensais.

2.2. Oportunidades de Carreira e Crescimento Profissional

O setor offshore oferece oportunidades significativas para desenvolvimento de carreira. Profissionais dedicados podem avançar rapidamente para cargos de supervisão ou gerência, e as qualificações obtidas no ambiente offshore são valorizadas globalmente, permitindo que os trabalhadores atuem em empresas internacionais.

Como aproveitar:

- Investir em treinamentos e certificações que ampliem suas qualificações.
- Mostrar proatividade e assumir responsabilidades adicionais, sempre que possível.
- Aproveitar as oportunidades de trabalho em empresas multinacionais, que oferecem uma ampla gama de posições ao redor do mundo.

2.3. Períodos de Folga Prolongados

Outro benefício importante é a folga prolongada entre os períodos de trabalho. Muitos profissionais offshore trabalham em escalas de 14x14 ou 28x28, o que significa que passam 14 ou 28 dias embarcados e, depois, têm o mesmo número de dias de folga em terra. Esse tempo livre permite que os trabalhadores tenham um equilíbrio entre vida profissional e pessoal, podendo descansar ou passar tempo com a família.

Como aproveitar:

- Planejar atividades que tragam satisfação pessoal durante os períodos de folga.
- Usar o tempo para estudar ou aprimorar suas habilidades profissionais.
- Descansar adequadamente para estar preparado para o próximo período embarcado.

2.4. Experiência Internacional

Muitos trabalhadores offshore têm a oportunidade de trabalhar em diferentes partes do mundo, especialmente aqueles que atuam em multinacionais de petróleo e gás. Essa experiência internacional não só aumenta o potencial de ganhos, mas também oferece uma oportunidade de conhecer diferentes culturas e ampliar a rede de contatos.

Como aproveitar:

- Estar aberto a oportunidades de trabalhar em diferentes países.
- Aproveitar as experiências culturais e de aprendizado durante as missões internacionais.
- Usar o trabalho internacional como uma plataforma para expandir sua carreira.

2.5. Satisfação Profissional

Trabalhar offshore pode ser extremamente gratificante para aqueles que gostam de desafios técnicos e de se sentir parte de uma grande operação. A indústria de petróleo e gás, em particular, é um dos pilares da economia mundial, e saber que você contribui para o fornecimento global de energia pode trazer um grande senso de realização pessoal e profissional.

Como aproveitar:

- Manter-se motivado e atualizado sobre as tendências da indústria.
- Celebrar as realizações e os sucessos alcançados durante as operações.
- Focar no desenvolvimento contínuo de habilidades, para sempre buscar novos desafios.

Capítulo 8: Principais Profissões Offshore e Suas Responsabilidades

O setor offshore é composto por uma vasta gama de profissões, que vão desde posições técnicas especializadas até cargos de gestão e suporte. Este capítulo explora as principais profissões encontradas em plataformas de petróleo e embarcações de apoio, detalhando suas responsabilidades e as qualificações necessárias para cada uma.

1. Engenheiro de Perfuração

1.1. O que faz?

O engenheiro de perfuração é responsável por projetar, planejar e supervisionar as operações de perfuração de poços de petróleo e gás. Esse profissional garante que os poços sejam perfurados de maneira segura e eficiente, minimizando riscos e maximizando a produtividade.

Responsabilidades:

- Projetar e planejar o processo de perfuração.
- Supervisionar as operações de perfuração em campo.
- Garantir a conformidade com as normas de segurança e ambientais.
- Responder a emergências ou problemas técnicos durante a perfuração.

Qualificações:

- Graduação em engenharia, preferencialmente engenharia de petróleo.
- Certificações específicas, como IWCF (International Well Control Forum).
- Experiência prévia em operações de perfuração é geralmente exigida.

2. Plataformista (Roughneck)

2.1. O que faz?

O plataformista, ou roughneck, é um dos cargos mais operacionais em uma plataforma de petróleo. Esse profissional trabalha diretamente nas operações de perfuração, manuseando equipamentos pesados e auxiliando na montagem e desmontagem dos canos de perfuração.

Responsabilidades:

- Manusear equipamentos de perfuração.
- Auxiliar na montagem e desmontagem de ferramentas e equipamentos.
- Garantir a limpeza e manutenção da área de trabalho.
- Seguir rigorosamente os procedimentos de segurança durante as operações.

Qualificações:

- Ensino médio completo.
- Certificações em segurança, como CBSP e HUET.
- Boa forma física e habilidade para lidar com trabalho manual pesado.

3. Operador de ROV (Veículo Submarino Operado Remotamente)

3.1. O que faz?

O operador de ROV é responsável por controlar e operar veículos subaquáticos que realizam inspeções, manutenção e reparos em estruturas submarinas. O trabalho envolve o uso de tecnologia avançada para monitorar as operações e garantir que os equipamentos subaquáticos estejam funcionando corretamente.

Responsabilidades:

- Operar e monitorar os ROVs durante operações subaquáticas.
- Realizar inspeções visuais e reparos em equipamentos submersos.
- Coletar dados para análise de condições subaquáticas.
- Realizar a manutenção preventiva e corretiva dos ROVs.

Qualificações:

- Certificação específica em operação de ROV.
- Conhecimento técnico em eletrônica, mecânica e hidráulica.
- Habilidades em navegação e controle remoto de equipamentos.

4. Técnico de Manutenção

4.1. O que faz?

O técnico de manutenção offshore é responsável por garantir que todos os equipamentos e sistemas da plataforma estejam funcionando corretamente. Ele realiza reparos, manutenções preventivas e corretivas em máquinas e equipamentos, incluindo sistemas elétricos, hidráulicos e mecânicos.

Responsabilidades:

- Manter e reparar equipamentos mecânicos e elétricos.
- Realizar inspeções regulares para prevenir falhas de equipamentos.
- Auxiliar na instalação de novos sistemas e componentes.
- Garantir que todas as atividades de manutenção estejam de acordo com as normas de segurança.

Qualificações:

- Formação técnica em áreas como mecânica, elétrica ou eletromecânica.
- Experiência prévia em manutenção industrial ou offshore.
- Certificações específicas, como NR-10 (Segurança em Instalações e Serviços em Eletricidade).

5. Supervisor de Plataforma

5.1. O que faz?

O supervisor de plataforma é o responsável por gerenciar todas as operações a bordo da plataforma de petróleo. Ele supervisiona as equipes, garante a conformidade com os procedimentos de segurança e assegura que as metas de produção sejam atingidas dentro do cronograma.

Responsabilidades:

- Supervisionar as equipes operacionais e técnicas.
- Garantir a conformidade com as normas de segurança e ambientais.
- Resolver problemas operacionais e técnicos no local.
- Reportar o progresso das operações para a equipe de gestão em terra.

Qualificações:

- Experiência sólida em operações offshore, muitas vezes começando como engenheiro ou plataformista.
- Certificações em liderança e gestão de operações.
- Habilidade de resolver problemas sob pressão e tomar decisões rápidas.

6. Médico Offshore

6.1. O que faz?

O médico offshore é responsável por cuidar da saúde e do bem-estar de todos os trabalhadores embarcados. Ele presta atendimento médico em casos de acidentes ou emergências a bordo, além de realizar consultas e tratamentos preventivos.

Responsabilidades:

- Prestar atendimento médico em casos de emergências, como acidentes ou doenças.
- Realizar exames preventivos e promover a saúde a bordo.
- Coordenar a evacuação médica em casos de emergências graves.
- Manter os registros médicos de todos os trabalhadores embarcados.

Qualificações:

- Graduação em medicina, com especialização em emergências ou medicina do trabalho.
- Experiência prévia em ambientes isolados ou de alto risco é valorizada.
- Certificações em suporte avançado de vida (ALS) e primeiros socorros.

7. Cozinheiro Offshore

7.1. O que faz?

O cozinheiro offshore é responsável por preparar refeições para todos os trabalhadores a bordo. Ele deve garantir que as refeições sejam nutritivas e adequadas às necessidades dos tripulantes, além de seguir os padrões de higiene e segurança alimentar.

Responsabilidades:

- Preparar refeições diárias para toda a tripulação.
- Manter a cozinha e os equipamentos de cozinha limpos e organizados.
- Garantir que as refeições atendam às normas de segurança alimentar.
- Planejar cardápios variados, levando em consideração as preferências alimentares e restrições da equipe.

Qualificações:

- Formação em gastronomia ou experiência prática na área.
- Certificações em higiene e segurança alimentar.
- Habilidade para trabalhar sob pressão e preparar grandes quantidades de refeições.

8. Eletricista Offshore

8.1. O que faz?

O eletricista offshore é responsável por manter e reparar todos os sistemas elétricos da plataforma ou embarcação. Ele garante que a eletricidade seja distribuída de forma segura e eficiente, além de resolver problemas técnicos em geradores, motores e outros equipamentos elétricos.

Responsabilidades:

- Manutenção de sistemas elétricos de baixa e alta tensão.
- Realizar inspeções e reparos em geradores e motores elétricos.
- Garantir a segurança no uso de equipamentos elétricos.
- Instalar e testar novos sistemas elétricos.

Qualificações:

- Formação técnica em elétrica ou eletrotécnica.
- Certificação NR-10 (Segurança em Instalações Elétricas).
- Experiência prévia em sistemas elétricos industriais ou offshore.

9. Soldador Offshore

9.1. O que faz?

O soldador offshore é responsável por realizar soldas em estruturas metálicas de plataformas e embarcações. Esse profissional executa reparos e novas instalações de peças, utilizando técnicas específicas para ambientes marítimos.

Responsabilidades:

- Realizar soldas em estruturas metálicas, tubos e peças.
- Inspecionar e reparar soldas danificadas.
- Garantir que as soldas atendam às especificações de segurança e qualidade.
- Trabalhar em condições adversas, muitas vezes em altura ou debaixo d'água.

Qualificações:

- Certificações em soldagem industrial.
- Experiência em soldagem offshore ou industrial.
- Certificações de segurança, como NR-33 (Espaços Confinados) e NR-35 (Trabalho em Altura).

Capítulo 9: Dicas para Ingressar no Mercado Offshore

Ingressar no mercado de trabalho offshore é o sonho de muitos profissionais que buscam desafios, bons salários e uma carreira dinâmica. No entanto, a competição é intensa, e muitas posições exigem qualificações e experiências específicas. Neste capítulo, você encontrará dicas práticas para aumentar suas chances de conquistar uma vaga no setor offshore.

1. Invista em Qualificações e Certificações Específicas

Uma das principais barreiras para ingressar no setor offshore é a falta de qualificações e certificações obrigatórias. Muitas empresas exigem que os candidatos tenham uma formação técnica ou superior em áreas específicas, além de certificações que garantem a capacidade de trabalhar em condições extremas de segurança.

Certificações Essenciais:

- **CBSP (Curso Básico de Segurança em Plataforma)**: Treinamento obrigatório para todos os profissionais que desejam trabalhar em plataformas de petróleo. Este curso cobre técnicas de sobrevivência no mar, combate a incêndios, primeiros socorros e segurança a bordo.
- **HUET (Helicopter Underwater Escape Training)**: Este treinamento ensina os trabalhadores a escapar de um helicóptero submerso em caso de acidentes durante o transporte para plataformas.
- **NR-10 (Segurança em Instalações e Serviços com Eletricidade)**: Essencial para profissionais que trabalham com eletricidade, esta certificação garante que o trabalhador saiba operar em sistemas elétricos com segurança.

- **NR-33 (Espaços Confinados)**: Para quem trabalha em locais de difícil acesso ou espaços confinados, como tanques e tubulações.
- **NR-35 (Trabalho em Altura)**: Importante para profissionais que realizam atividades a mais de 2 metros do solo, como soldadores e técnicos de manutenção.

Além dessas certificações, cursos específicos na área de atuação, como operação de ROV, soldagem subaquática ou mecânica de manutenção, aumentam significativamente suas chances de ser contratado.

2. Adquira Experiência em Áreas Correlatas

Se você não tem experiência offshore, pode ser vantajoso começar em uma área correlata em terra. Experiências em indústrias pesadas, como mineração, construção naval, energia ou manutenção industrial, são bastante valorizadas. Essas áreas utilizam tecnologias e procedimentos semelhantes aos do setor offshore e podem servir como trampolim para conseguir sua primeira oportunidade embarcado.

Exemplos de áreas correlatas:

- **Mineração**: O ambiente da mineração tem desafios semelhantes ao offshore, como o trabalho em locais remotos e a necessidade de manter altos padrões de segurança.
- **Construção naval**: Trabalhar em estaleiros pode proporcionar experiência relevante em soldagem, montagem de estruturas e manutenção de sistemas complexos, o que é útil para diversas profissões offshore.
- **Energia elétrica**: Profissionais que trabalham com geração de energia, principalmente em hidrelétricas ou parques eólicos, podem aplicar seu conhecimento de sistemas elétricos em plataformas offshore.

3. Atualize e Amplie seu Networking

O setor offshore é, em grande parte, impulsionado por contatos e recomendações. Ter uma rede de contatos ativa pode aumentar suas chances de ser indicado para uma vaga ou ficar sabendo de oportunidades antes que elas sejam divulgadas publicamente.

Dicas para Networking:

- **Eventos e Feiras de Emprego**: Participe de eventos do setor de óleo e gás, como feiras de emprego, seminários e workshops. Esses eventos são uma excelente oportunidade para conhecer recrutadores e profissionais da área.
- **Redes Sociais Profissionais**: Mantenha um perfil atualizado no LinkedIn e participe de grupos voltados para o setor offshore. Conecte-se com profissionais que já trabalham embarcados e interaja em discussões relevantes.

- **Ex-alunos e Colegas de Trabalho**: Manter contato com ex-colegas de trabalho ou estudo que já estão no setor pode abrir portas. Muitas vezes, as vagas offshore não são publicadas abertamente, e uma recomendação pode ser o diferencial.

4. Esteja Preparado para o Processo Seletivo

O processo seletivo para vagas offshore costuma ser rigoroso e detalhado. Além das entrevistas convencionais, você pode passar por avaliações técnicas, testes físicos e, em alguns casos, testes psicotécnicos. Por isso, é importante estar bem preparado para cada etapa.

Como se preparar:

- **Treine para entrevistas técnicas**: Estude profundamente sua área de atuação e esteja preparado para responder perguntas técnicas detalhadas. Mostre que você conhece os processos, os desafios e as melhores práticas da sua profissão, especialmente em um ambiente offshore.
- **Cuide da sua saúde física e mental**: O trabalho offshore exige boa resistência física e mental. Prepare-se para os testes físicos e certifique-se de que está em forma. Demonstrar um bom preparo físico pode ser um ponto positivo em entrevistas e dinâmicas de grupo.
- **Seja flexível e pró-ativo**: Durante as entrevistas, mostre que você está disposto a trabalhar em qualquer local ou tipo de turno. A flexibilidade é altamente valorizada no setor offshore, já que os trabalhadores frequentemente precisam lidar com escalas irregulares e condições de trabalho desafiadoras.

5. Monitore Constantemente as Oportunidades de Emprego

Para aumentar suas chances de ingressar no setor offshore, é essencial monitorar as vagas de emprego regularmente. Empresas de petróleo, gás e energia frequentemente publicam oportunidades em seus sites, e há também sites especializados em recrutamento offshore.

Principais fontes de vagas:

- **Sites das principais empresas de petróleo e gás**: Fique atento às páginas de carreiras de empresas como Petrobras, Shell, BP e outras multinacionais do setor.
- **Agências de recrutamento especializadas**: Algumas agências de emprego são especializadas em selecionar profissionais para trabalhar offshore. Inscreva-se e mantenha seus dados atualizados em plataformas como Airswift, Brunel e Fircroft.
- **Sites de vagas específicas**: Portais de emprego como Oilandgasjobsearch.com e Rigzone são focados exclusivamente no setor de petróleo e gás, oferecendo uma variedade de oportunidades offshore.

6. Considere Trabalhar em Áreas Remotas e Internacionais

Uma das vantagens de trabalhar offshore é a possibilidade de atuar em projetos internacionais ou em áreas remotas. Muitas vezes, as oportunidades em locais mais isolados ou em regiões com menos mão de obra disponível oferecem melhores salários e benefícios, além de acelerar o crescimento profissional.

Oportunidades internacionais:

- **África e Oriente Médio**: Países como Angola, Nigéria, Qatar e Arábia Saudita estão entre os maiores produtores de petróleo e gás do mundo, oferecendo inúmeras oportunidades de emprego offshore.
- **América do Norte**: A indústria offshore no Golfo do México, especialmente nos EUA e no México, é uma das mais movimentadas e com grande demanda por mão de obra qualificada.
- **Ásia e Oceania**: Austrália e Malásia também oferecem oportunidades no setor offshore, especialmente na exploração de gás natural.

7. Atenção à Saúde e Segurança no Trabalho

O setor offshore é altamente regulamentado em termos de segurança. Portanto, demonstrar que você valoriza a segurança no trabalho e está comprometido em seguir as normas pode ser um diferencial durante o processo seletivo.

Dicas para demonstrar compromisso com a segurança:

- Durante as entrevistas, mencione a importância que você dá ao uso dos Equipamentos de Proteção Individual (EPIs) e ao cumprimento das normas de segurança.
- Cite experiências passadas em que você seguiu protocolos de segurança ou ajudou a prevenir acidentes.
- Demonstre conhecimento sobre as normas específicas de segurança offshore, como as certificações exigidas para a função que você está buscando.

Ingressar no setor offshore pode ser um processo desafiador, mas com as qualificações certas, uma boa rede de contatos e uma mentalidade proativa, você pode conquistar uma vaga nessa indústria promissora. No próximo capítulo, vamos explorar **O Futuro do Trabalho Offshore e as Tendências da Indústria**.

Capítulo 10: O Futuro do Trabalho Offshore e as Tendências da Indústria

A indústria offshore é uma das mais dinâmicas e tecnologicamente avançadas do mundo, constantemente se adaptando às mudanças globais, incluindo as demandas por energia, avanços tecnológicos e questões ambientais. Este capítulo examina as principais tendências que estão moldando o futuro do trabalho offshore, bem como as implicações para os profissionais que desejam permanecer competitivos nesse setor.

1. Transição Energética: O Crescimento das Energias Renováveis

Nos últimos anos, a indústria de energia tem passado por uma grande transformação, com uma crescente ênfase na transição de combustíveis fósseis para fontes de energia renovável. Embora o petróleo e o gás continuem sendo essenciais, a demanda por energias mais limpas está criando novas oportunidades no setor offshore, principalmente em projetos de energia eólica e de exploração de energia das marés.

Energias renováveis no setor offshore:

- **Parques eólicos offshore**: Projetos de turbinas eólicas em alto-mar estão em crescimento, especialmente na Europa e na Ásia. Isso está gerando uma demanda por profissionais qualificados para construção, manutenção e monitoramento dessas estruturas.
- **Exploração de energia das marés e correntes oceânicas**: A tecnologia de aproveitamento da energia das marés e das correntes oceânicas ainda está em desenvolvimento, mas já apresenta potencial para se tornar uma importante fonte de energia renovável nos próximos anos.
- **Descarbonização da indústria**: Empresas offshore estão investindo em soluções de captura e armazenamento de carbono (CCS), tecnologias que podem ser usadas para reduzir as emissões de CO_2 durante a produção de petróleo e gás.

Implicações para os profissionais:

Com essa transição, os profissionais offshore precisarão diversificar suas habilidades para incluir conhecimento sobre energias renováveis. Certificações em áreas como operação e manutenção de turbinas eólicas ou conhecimento em engenharia ambiental podem ser um grande diferencial.

2. Automação e Robótica: O Impacto da Quarta Revolução Industrial

O avanço da automação e da robótica está revolucionando a forma como as operações offshore são conduzidas. Veículos submarinos operados remotamente (ROVs) e drones aéreos estão se tornando cada vez mais comuns para realizar inspeções, reparos e manutenção em áreas de difícil acesso. Além disso, sistemas automatizados estão sendo utilizados para monitorar o desempenho das plataformas em tempo real, otimizando as operações e melhorando a segurança.

Exemplos de tecnologia emergente:

- **Veículos autônomos subaquáticos (AUVs)**: Diferentes dos ROVs, os AUVs podem operar sem a necessidade de um operador humano, realizando missões de inspeção e coleta de dados de forma autônoma.
- **Drones para inspeção aérea**: Utilizados para monitorar condições externas das plataformas, como estruturas e tubulações, os drones aumentam a eficiência e reduzem a necessidade de trabalho humano em condições perigosas.
- **Plataformas automatizadas**: O uso crescente de inteligência artificial e sistemas automatizados permite que muitas operações, como controle de perfuração e manutenção, sejam gerenciadas de forma remota, minimizando a exposição humana a ambientes hostis.

Implicações para os profissionais:

A automação reduzirá a necessidade de trabalho manual, mas aumentará a demanda por profissionais qualificados em operação de sistemas robóticos, análise de dados e manutenção de tecnologia avançada. O desenvolvimento de habilidades em automação e controle remoto será crucial para manter a competitividade no setor offshore.

---

3. Segurança e Sustentabilidade: Uma Nova Prioridade

À medida que a indústria offshore cresce e se torna mais complexa, as normas de segurança e sustentabilidade estão se tornando cada vez mais rigorosas. Governos e empresas estão impondo regulamentações mais estritas para garantir que as operações sejam seguras para os trabalhadores e minimizem o impacto ambiental.

Tendências em segurança:

- **Tecnologias de monitoramento em tempo real**: Sensores avançados e sistemas de monitoramento estão sendo implantados para detectar condições inseguras ou falhas nos equipamentos, ajudando a prevenir acidentes.
- **Treinamento em realidade virtual (VR)**: Empresas offshore estão utilizando simulações em realidade virtual para treinar suas equipes, permitindo que os trabalhadores pratiquem cenários de emergência em um ambiente seguro e controlado.
- **Reforço das regulamentações ambientais**: Além de garantir a segurança dos trabalhadores, as empresas offshore precisam estar em conformidade com leis ambientais mais rigorosas. Isso inclui minimizar derramamentos de óleo, reduzir emissões de gases de efeito estufa e proteger ecossistemas marinhos sensíveis.

Implicações para os profissionais:

Profissionais com conhecimento em gestão ambiental e segurança no trabalho terão um papel crucial na adaptação da indústria às novas exigências. Ter certificações em saúde, segurança e meio ambiente (HSE) será cada vez mais importante para se destacar nesse mercado.

4. A Demanda por Competências Multidisciplinares

O mercado de trabalho offshore está evoluindo para exigir uma força de trabalho mais qualificada e diversificada. Profissionais que combinam competências técnicas com habilidades de liderança, gestão de projetos e conhecimentos em sustentabilidade estarão em alta demanda.

Competências multidisciplinares que serão valorizadas:

- **Habilidades em gerenciamento de projetos**: Gerenciar operações offshore envolve coordenar várias equipes e garantir que os projetos sejam concluídos dentro do prazo e do orçamento. Profissionais com certificações como PMP (Project Management Professional) podem se destacar.
- **Habilidades em sustentabilidade e ESG (Environmental, Social, and Governance)**: A preocupação com a sustentabilidade e as práticas ESG está em ascensão. Profissionais que possam integrar práticas sustentáveis nas operações offshore serão cada vez mais valorizados.
- **Soft skills e liderança**: Com a automação e o uso de tecnologias avançadas, a capacidade de gerenciar equipes, tomar decisões rápidas e resolver problemas sob pressão será essencial.

Implicações para os profissionais:

Para ter sucesso no setor offshore do futuro, os trabalhadores precisarão desenvolver não apenas habilidades técnicas, mas também competências transversais que os capacitem a lidar com um ambiente de trabalho cada vez mais complexo e multidisciplinar.

5. A Globalização do Trabalho Offshore

A indústria offshore é, por natureza, global. As operações acontecem em várias partes do mundo, desde o Mar do Norte até o Golfo do México, passando por regiões remotas da África, Ásia e América Latina. Esse ambiente globalizado oferece oportunidades para profissionais dispostos a trabalhar em diferentes países e culturas.

Tendências globais:

- **Crescimento de operações em águas profundas**: A exploração em águas ultraprofundas, como as do pré-sal brasileiro, continuará sendo uma prioridade para muitas empresas de petróleo e gás.

- **Maior colaboração internacional**: Empresas de diferentes países estão formando parcerias para compartilhar tecnologia, conhecimento e recursos, o que aumentará a demanda por profissionais dispostos a trabalhar em equipes internacionais.
- **Projetos multinacionais**: Operar em ambientes internacionais exige habilidades interculturais e a capacidade de trabalhar em contextos variados e dinâmicos.

Implicações para os profissionais:

A fluência em idiomas estrangeiros, como inglês, e a disposição para trabalhar em diferentes regiões geográficas são fatores importantes para aqueles que desejam aproveitar as oportunidades no mercado offshore global. Trabalhar em ambientes multinacionais também oferece uma ampla experiência e pode acelerar o crescimento profissional.

6. Resiliência e Adaptação em um Setor em Transformação

O futuro do trabalho offshore estará fortemente ligado à capacidade de resiliência e adaptação dos profissionais. O setor de energia está em uma fase de transição, e os trabalhadores terão que estar prontos para se adaptar rapidamente a novas tecnologias, regulamentações e mercados.

Como desenvolver resiliência:

- **Aprendizado contínuo**: Manter-se atualizado com as inovações tecnológicas e as mudanças regulatórias será essencial para garantir a empregabilidade a longo prazo. Profissionais que investem em cursos de atualização e novas certificações terão uma vantagem competitiva.
- **Mentalidade de inovação**: Adotar uma mentalidade de inovação e estar aberto a experimentar novas formas de trabalhar pode ajudar os profissionais a se destacarem no mercado.
- **Capacidade de lidar com incertezas**: Em um ambiente dinâmico e em constante evolução, os trabalhadores offshore precisarão estar preparados para lidar com incertezas e mudanças repentinas no mercado ou nas operações.

Com essas tendências em mente, fica claro que o futuro do trabalho offshore será moldado por tecnologia, sustentabilidade e uma demanda crescente por habilidades multidisciplinares. O profissional que deseja prosperar nessa indústria precisará se adaptar rapidamente a essas mudanças, desenvolvendo novas competências e se mantendo atualizado sobre as evoluções do setor.

Com isso, encerramos este capítulo. No próximo e último capítulo, faremos uma **Conclusão e Considerações Finais** sobre como aproveitar ao máximo as oportunidades no setor offshore. Vamos continuar?

Capítulo 11: Conclusão e Considerações Finais

Trabalhar embarcado no setor offshore é uma carreira desafiadora, mas também gratificante. Ao longo deste livro, exploramos as várias facetas desse campo, desde a preparação necessária para ingressar na indústria até as tendências futuras que moldarão as oportunidades de trabalho. Abaixo, vamos recapitular os principais pontos discutidos e oferecer algumas reflexões finais para aqueles que estão considerando ou já atuam nessa área.

1. Oportunidades Abundantes, Mas Competitivas

O setor offshore continua a oferecer excelentes oportunidades, tanto em termos de remuneração quanto de desenvolvimento de carreira. No entanto, a competição é alta, e apenas os profissionais mais qualificados e determinados conseguirão aproveitar ao máximo essas oportunidades. A chave para o sucesso está em:

- **Buscar qualificações essenciais**: Como discutido nos primeiros capítulos, obter as certificações e treinamentos adequados é o primeiro passo para ingressar no mercado offshore.
- **Adquirir experiência relevante**: Começar em áreas correlatas ou buscar experiências práticas que simulem o ambiente offshore é crucial para construir uma base sólida para sua carreira.
- **Manter o aprendizado contínuo**: As tecnologias e os regulamentos no setor offshore mudam rapidamente. Profissionais que investem em sua educação e permanecem atualizados estarão à frente dos concorrentes.

2. A Importância de Rede de Contatos e Visibilidade

Além das qualificações técnicas, sua rede de contatos desempenha um papel fundamental na obtenção de oportunidades no setor offshore. Como o mercado é altamente especializado, muitas vagas nunca são anunciadas publicamente. Isso significa que estar bem conectado pode ser a diferença entre conseguir ou perder uma oportunidade.

Dicas para construir uma rede de contatos eficaz:

- **Participe de eventos e feiras da indústria**: Aproveite para interagir com outros profissionais e recrutadores do setor.
- **Use plataformas online**: Mantenha um perfil ativo no LinkedIn e participe de grupos específicos da indústria.

- **Mantenha-se visível**: Mostre suas habilidades e experiências de forma clara, seja online ou em eventos, e esteja sempre preparado para aproveitar novas oportunidades que possam surgir.

3. A Diversificação das Oportunidades Offshore

O futuro da indústria offshore vai muito além do petróleo e gás. Com o avanço das energias renováveis e o crescente foco na sustentabilidade, novas oportunidades estão surgindo em áreas como:

- **Energia eólica offshore**: O crescimento dos parques eólicos no mar já está criando novas vagas para profissionais especializados.
- **Energia das marés e outras renováveis**: Embora ainda incipiente, a exploração dessas fontes de energia tem o potencial de se tornar uma área chave de atuação no futuro próximo.
- **Tecnologias de captura de carbono (CCS)**: Para profissionais com interesse em sustentabilidade e proteção ambiental, as tecnologias de captura e armazenamento de carbono estão se tornando mais relevantes.

Essas novas oportunidades exigem que os profissionais desenvolvam habilidades multidisciplinares, combinando conhecimento técnico com expertise em sustentabilidade e tecnologias emergentes.

4. Resiliência e Adaptação São Cruciais para o Sucesso

O setor offshore exige uma mentalidade resiliente e flexível. Não é incomum que trabalhadores enfrentem longos períodos de afastamento de suas famílias, condições desafiadoras no local de trabalho e um ritmo intenso. No entanto, a capacidade de adaptação a esses desafios pode resultar em uma carreira duradoura e bem-sucedida.

Como desenvolver resiliência no setor offshore:

- **Mantenha-se fisicamente e mentalmente preparado**: O trabalho offshore é exigente tanto para o corpo quanto para a mente. Manter uma boa forma física e cuidar da saúde mental é essencial para enfrentar as demandas da profissão.
- **Adote uma mentalidade de aprendizado contínuo**: Quanto mais você aprender e se adaptar às mudanças, mais facilmente você poderá enfrentar desafios inesperados e garantir sua posição no mercado.
- **Desenvolva habilidades interpessoais**: O trabalho em equipe e a comunicação clara são fundamentais para o sucesso em ambientes remotos e de alta pressão. Profissionais que dominam essas habilidades têm maior probabilidade de crescer na carreira.

5. A Valorização da Segurança e Sustentabilidade

Com o aumento das regulamentações de segurança e das expectativas ambientais, a indústria offshore está se transformando. Empresas que operam no setor são cada vez mais pressionadas a garantir que suas operações sejam seguras e ambientalmente responsáveis. Isso cria novas oportunidades para profissionais com expertise em áreas como:

- **Gestão de segurança no trabalho (HSE)**: Profissionais com habilidades em segurança, saúde ocupacional e gestão de riscos são muito valorizados e terão um papel essencial na indústria.
- **Sustentabilidade e ESG**: Com a crescente importância das práticas ESG (Environmental, Social, and Governance), profissionais que possam integrar a sustentabilidade nas operações offshore serão altamente procurados.

Para os profissionais que desejam avançar, investir em qualificações que envolvam segurança e práticas ambientais será um diferencial importante no futuro do setor.

6. Reflexões Finais

Trabalhar embarcado não é apenas uma carreira; é um estilo de vida. As recompensas podem ser grandes, tanto em termos financeiros quanto de crescimento pessoal e profissional. No entanto, isso exige comprometimento, resiliência e a vontade de estar sempre aprendendo e se adaptando às mudanças do setor.

Se você está decidido a seguir essa carreira, lembre-se de que o sucesso não é apenas uma questão de obter as qualificações corretas, mas também de se manter atualizado com as tendências da indústria, expandir sua rede de contatos e abraçar as oportunidades que surgem, mesmo em áreas menos convencionais, como energias renováveis e sustentabilidade.

Com o desenvolvimento contínuo das tecnologias e a crescente demanda por energia, o setor offshore continuará sendo uma parte vital da economia global por muitos anos. A chave para aproveitar ao máximo essa oportunidade é a preparação, o aprendizado contínuo e a capacidade de se adaptar às demandas de uma indústria em rápida transformação.

Desejo a você sucesso em sua jornada rumo ao trabalho embarcado!